Título: @Poesía sin ti
Autor: Pepe Coloma Maestre ©2014
Ilustraciones y cuadro de la cubierta: Pepe Coloma Arias © 2014
Fotografia autor © Nilot
Prólogo: Pedro Guerrero Ruíz ©2014

Edición realizada por Alacena Roja ™

www.alacenaroja.com

Todos los derechos reservados. Prohibida la reproducción total o parcial de este libro sin permiso previo por escrito del autor.

Primera edición
Abril 2014 –Ceutí-

Depósito legal edición impresa: MU-486-2014
Depósito legal edición digital: MU-487-2014

ISBN-13: 978- 84-94244117
ISBN-10: 8494244116

@PoesíaSinTi

140 textos minimos y un epilogo tardio

Pepe Coloma Maestre

Ilustraciones: Pepe Coloma Arias

EL CÍRCULO POÉTICO EN EL ESPEJO DE JOSÉ COLOMA

Entre aforismos para un tratado de melancolía y un surrealismo templado, José Coloma Maestre nos dice su poesía, ilustrada para esta ocasión por José Coloma Arias. Tienen estos versos, o este tratado de su manifiesta intimidad, el límite de un paisaje sin fondo donde solo late el amor en un espejo de tiempo abatido. Sus referencias al espacio cibernético y a un prematuro dadaísmo probable, conciertan, sin embargo, una armonía sujetada por la brevedad nostálgica y la ironía difuminada en una verdadera poética.

La supuesta abierta provocación escritural de Coloma es el miedo a perderla o haberla perdido ya, por la demora, tal vez, en hacerse ver nuevamente. Por eso el poeta se refugia en la única permanencia, el TÚ amado. Se siente sujeto a la ocasión de cada brevedad de sus dudas y su espera, aún sabiendo que el pasado es lo que él describe como señales de vitalidad reconocida como un milagro aún vivo en la memoria de su propia poética, un camino de retorno ante la incomprensión de los acontecimientos de la fugacidad sentida, de la sentimentalidad de una razón quebrada no totalmente y compuesta como una sentimentalidad de vida sobre su verdadera y única poética: ELLA.

El uso del lenguaje en todas sus formas, atravesando el folio que contiene su escritura, comas o no comas, puntos o no puntos, en esa libertad consciente, no perturba al lector, sino que le hace cómplice. Porque José Coloma es un poeta verdadero.

Sin poesía no hay poema, y sin metáfora tampoco. Su verdad, la que atraviesa la flecha telúrica de su desamor es tanto como la tendencia a decirlo todo en el desasosiego de una escritura puntillista, quieta, pero a borbotones, aparentemente, ligera, que cuenta el poeta su historia como si trazara líneas de un diario cromático desde una sinrazón que no desea sobrecoger sino dibujar con una semántica velada por la transición del pasado y el presente, entre un nomadismo móvil y la quietud (des)atormentada de lo previsiblemente irreparable.

Da lo mismo que tengan los versos de una narración articulada en un lirismo personal de haiku o de Coloma, porque su verdad es certera porque se apoya en el silencio lírico. San Juan, el de la Cruz, le llamo música callada. Pero no es menos cierto que al poeta no le interesa la verdad sino lo que pasó entre un amable sufrimiento crónico y lo que no debió pasar, lo que no llega y él espera, lo que solo mantiene en un espejo de tiempo arrebatado, ya casi mudo, que él pone en una escena de palabras de su semillero, la necesidad por volver, de retornar a una huella en donde pone ese verso, esa línea, esa nostalgia de pequeño diario, con sumo cuidado. Son maneras de ser de un poeta distinto, discutible pero no confuso. A todo eso le llama *@Poesía sin ti, 140 textos mínimos y un epílogo tardío.*

Le agradezco a Coloma que haya pensado en mí para abrir la puerta de esta casa personal de poesía que conforman un libro (no me gusta la palabra poemario, no me gusta nada), un libro tan distinto como sentido y valioso. Por eso, sean micro-poemas, o micro-ficción poética, como ustedes quieran -¡qué más da!- son poesía, porque forman un conjunto escritural de una vanguardia estética tan personal como ajustada en lo unitario a lo que quiere decirnos desde una intertextualidad predicativa y hasta predictiva, cuando ella ya no está. Pero él espera hasta que el círculo se cierre ¿definitivamente?

Y por eso nos pide que los leamos despacio. Pero no es posible hacerlo de otra manera, porque estos poemas mínimos no necesitan más espacio para ser poesía, sino un tiempo de silencio detenido.

"Las vías del AVE hacen caballitos / comen golosinas / cuando Tú vienes a Valencia". Desde este primer contacto con el surrealismo, donde la poesía se torna de fino y amable humor hasta señalarnos tanto amor ("Utilizaban un reloj de arena para sus besos. Eso hizo su amor eterno"), le preguntaba: "¿Qué planes tienes para el resto de tus vidas?".

Por eso también le pertenece en el viaje y en la noche y, a pesar del frío, retorna a aquella primavera de la memoria, de su memoria selectiva, con su boca insaciable como los pobres de amor de este mundo también hambriento de la poesía. Se borran los pasos del camino, y el poeta exaltado la busca, pero todo estaba en contra, TODO, menos aquel destino donde los espejos guardan la mirada.

Y otra vez la poesía: "Una mujer bajo la lluvia... es una ocasión única para empaparse". Y así, se miraban en la mirada del otro, aunque en un instante le señale con un deíctico hiperbólico que la última noche que pasaron juntos no estaba con él, que no era ella. "¡Y qué hago yo ahora con este libro de poemas!", se grita desnudo, deshabitado.

Entonces, aquí, en este libro de amor y desamor no compartido de José Coloma, se rehace, en la fugaz ironía, el acento de una sonrisa de escritura nostálgica, de una melancolía de abismo profundo donde el sol de la tarde sin lluvia, sin diluvio, todo mezclado, en más poesía ("Cuando el amor se fue, allí quedaron las manos, los dedos, las miradas, los labios... y una montaña de hielo infranqueable"). Y se hace el silencio ("Otra eternidad sin ti").

Mientras pasa la vida "Lloró y lloró su ausencia. Fueron tantas las lágrimas que sus pupilas saladas comenzaron a vagar por la tierra". "Sabía decir 'te quiero' en 196 lenguas. Ganó el concurso, el premio. Pero no tenía a nadie con quien compartirlo". Esta es la poética que conforma José Coloma, la de una trasparente fórmula de espejo que él, ahora, siente en la opacidad.

El poema 74 es curricular, si se me permite, y es también la búsqueda del "superhéroe", que viene ya de la Odisea amorosa y que no soporta la imagen en los espejos de los rascacielos porque su amor, el de ellos, no se acaba nunca, ni siquiera en ese mismo amor, porque eran todo adentro de la nada, como si nadie les viera o él hubiese quedado ciego entre el dolor y la sangre de una Blancanieves tan buscada. Y son los versos. Otra vez el espejo en la palabra de rumbo ilimitado: "No quiero que seas la mujer de mi vida / Quiero que seas la mujer de tu vida /... pero conmigo".

Por eso la literatura de José Coloma no es expresión de la realidad (en verdad no lo debe ser ninguna literatura), porque es poesía. Porque escribe todo lo que puede, al decir de él, pero no puede todo lo que escribe, es el decir y el desdecir, el ser y el despegar en la metáfora de un aforismo lírico, colgado a una aspiración. Un poco de belleza, sacarle una sonrisa al espejo.

Así está el poeta, que no sabe cómo será después, porque desde aquel día en que se miraron sin mirarse, en que se besaron sin besarse -oh paradoja de una discusión metafórica-, también se despidieron sin despedirse.

Y otra vez el TÚ omnímodo: "Cómo ser yo" / Habiendo dejado tú / De ser TÚ". Y en una imaginable escenografía de aquella mítica "Casablanca", va concluyendo: "Lo mataron tres veces en la misma película. Sin embargo, ni el guionista ni el director pudieron evitar que finalmente se fugara con la protagonista".

El libro que acabo de leer no es un hallazgo, sino POESÍA EN ESTADO PURO. Y esta, y otras maneras luminosas de encontrarse con una biografía testificada por la mejor palabra, es el verdadero registro de la propiedad poética Coloma, hasta que "el círculo se cierra, indefectiblemente", como él mismo presagia y como yo no espero.

Para terminar les diré que cuando conocí a Rafael Alberti en Roma él había escrito en la puerta de su casa un letrero: "No se hacen prólogos". Le he estado emulando durante mucho tiempo, porque me cansé de corregir y de decir algo a los nuevos escritores que ni me correspondía ni me gustaba. Pero ahora, después de enviarme José Coloma su material lírico, que he leído sin levantar los ojos de cada hoja que iba leyendo, tengo el placer de escribir en letra impresa lo que aquí se dice. Que ustedes lo lean bien, y sin prisas, como dice el poeta, sin ninguna prisa.

Pedro Guerrero Ruiz

A mis padres, imperfectamente perfectos.

Gracias a todas las personas que han colaborado para que este libro tenga ojos y mirada;

a Luisa Navarrete por confiar en mi;

al profesor Guerrero por su generoso prólogo;

y al pintor Pepe Coloma Arias, mi padre, por su magnífico trabajo como ilustrador.

ILUSTRACIONES

Yo era un náufrago 20
Sílice 24
Contigo 30
Ella tiene flores y balas 34
Apagaron todas las luces 38
Duda Razonable 42
De nada me sirvió 46
Sabía decir "te quiero" 50
Elisa 56
Volé 60
Mi vida no se termina 66
Quién soy ante el espejo 70
Haiku 74
Sigo dejando 80
Y yo a lo mío 84
Se devoran entre ellos 88
Escena 92
Aquí abandono 96
Aeropuertos 100
Lo mataron tres veces 102

NOTA DEL AUTOR

Me gustaría pensar que estos 140 textos —y su epílogo— tienen vida propia: nacen, crecen, se reproducen, se emancipan y, por qué no, se hacen promiscuos. Ficción que nace con una intención: sugerir. Pinceladas líricas en donde el lector es tentado a construir el resto del cuadro o escena. Ni más ni menos.

A veces la brevedad se malinterpreta, se relaciona con lo rápido, lo fugaz. Lean estas minihistorias y estos minipoemas —"h" o "b"— en la cama, en el sofá o en el autobús; en voz alta o en silencio; en días de felicidad o en tardes melancólicas; rompiendo el orden establecido o siguiendo las páginas a rajatabla; pero, por favor, léanlos despacio, sin prisa, mejor en pequeñas dosis... sin urgencias.

Gracias.

Quédate conmigo un rato, a cada rato.

More @DiablaGuardian

Me voy sin barca

para que el viento no me

vuelva a la playa

Tráeme la Noche (haikus)
Abraham Chinchillas

¡Dulzura,

la tan cruel dulzura violeta...!

Madrigal
Pere Gimferrer
(Traducción de Antonio Colinas)

1

Salvaje y temerosa

Como los seres invisibles

Arañas / mi madrugada / sin surcos

Yo era un náufrago que necesitaba una isla

Tú eras una isla

perfecta en sí misma

autosuficiente

... aburrida de náufragos sin islas

3

Ella ama la electricidad de las cosas sin electricidad...

4

ODONTOLOGÍA POÉTICA

Qué decir de tu boca en mi boca

recomendado por 11 de cada 10 dentistas

5

Las vias del AVE hacen caballitos

comen golosinas

cuando Tú vienes a Valencia

6

Si te buscas... me encontrarás

7

paso que pisas

pesa... *in my heart*

8

Su vida de lunes se vio sorprendida por él, un hombre de sábado noche. Se complementaron... y sus domingos prodigiosos no se acababan nunca.

9

SÍLICE

Utilizaban un reloj de arena para sus besos. Eso hizo su amor eterno.

10

Quiso explorar la belleza femenina, en toda forma y sustancia. Ella, sabia hija de Sarasvati, supo ser para él todas las mujeres del universo.

11

MAGIA

Y se miran y no se hablan... Y ambos esperan que la vida vuelva a sacar un conejo blanco de su chistera.

12

Descubrieron que todos los objetos de su casa tenian cables, enchufes o etiquetas... todos menos sus cuerpos. Fundieron los plomos.

13

Todo comenzó con una pregunta trivial: "¿Qué planes tienes para el resto de tus vidas?".

14

Él había venido de otra galaxia para conocerla. Ella, de otro tiempo.

15

Ya puedes ponerle mi nombre a tus sueños. Esta noche nos pertenece.

16

PROHIBICIÓN

Mi vida ha estado marcada por dos grandes incidentes. Del primero ya se ha hablado lo suyo; no me interesa. Hay libros por ahí pululando con mi historia. No les hagan mucho caso, ya se sabe, la información siempre parte de las mismas manos. Ahora me centraré en el segundo episodio, el que nadie conoce (y cuando digo nadie, es nadie). Yo lo llamaría *el retorno*.

Era una noche de octubre. Caminaba a solas; sin rumbo y con la mente en otro lugar; con mal de amores. Hacía mucho frío y un viento húmedo que traspasaba cualquier ropa y penetraba en la piel y en los huesos (no consigo acostumbrarme a este clima ni a estos hábitos). Encontré una llave, tras la llave había una puerta y, tras ésta, un pasadizo. Una vez atravesado, me sorprendió un radiante y jovial día de primavera. Poco a poco fui trayendo recuerdos a mi memoria; todo me era conocido y hasta familiar.

Desde entonces, algunas noches de invierno, sigo comiendo manzanas del Paraíso. Pero ya no me llamo Eva.

17

THE WILDEST

Mi sonrisa dentro de tu sonrisa. Tu sonrisa dentro de mi sonrisa.

Nada más pueril; nada más sensual.

18

SI TE QUEDAS...

Celebraré los lunes

como si fueran viernes

y todos los días

descumpliremos días

Si te quedas...

19

Una mujer bajo la lluvia... es una ocasión única para empaparse.

20

CONTIGO...

Eran pobres de solemnidad. Apenas un plato, una cuchara. Sin embargo, poseían dos bocas insaciables, llenas de alimento para el otro.

21

ELECTRODOMÉSTICOS

¿Por qué el sueño de tus besos vino sin despertador?

22

QUÉDATE
Solo así
la noche
y el día
dejarán de ser
un mismo
espacio

23

Ninguna herida cicatriza

si solo vives para ella

24

NADA ES LO QUE PARECE
Te supe definitivamente mía
al acabar el verano

Era otoño
cuando
la lluvia
       el viento
              y las hojas sin vida
borraron
       tus pasos
              del camino

                        25

          Tras cada verso escrito
el joven poeta, exaltado, buscaba el cuerpo de su amada,
                    serpenteaba por él.

      Mientras ella, locuaz, le dejaba dulcemente soñarla,
            sabedora del secreto de su huida.

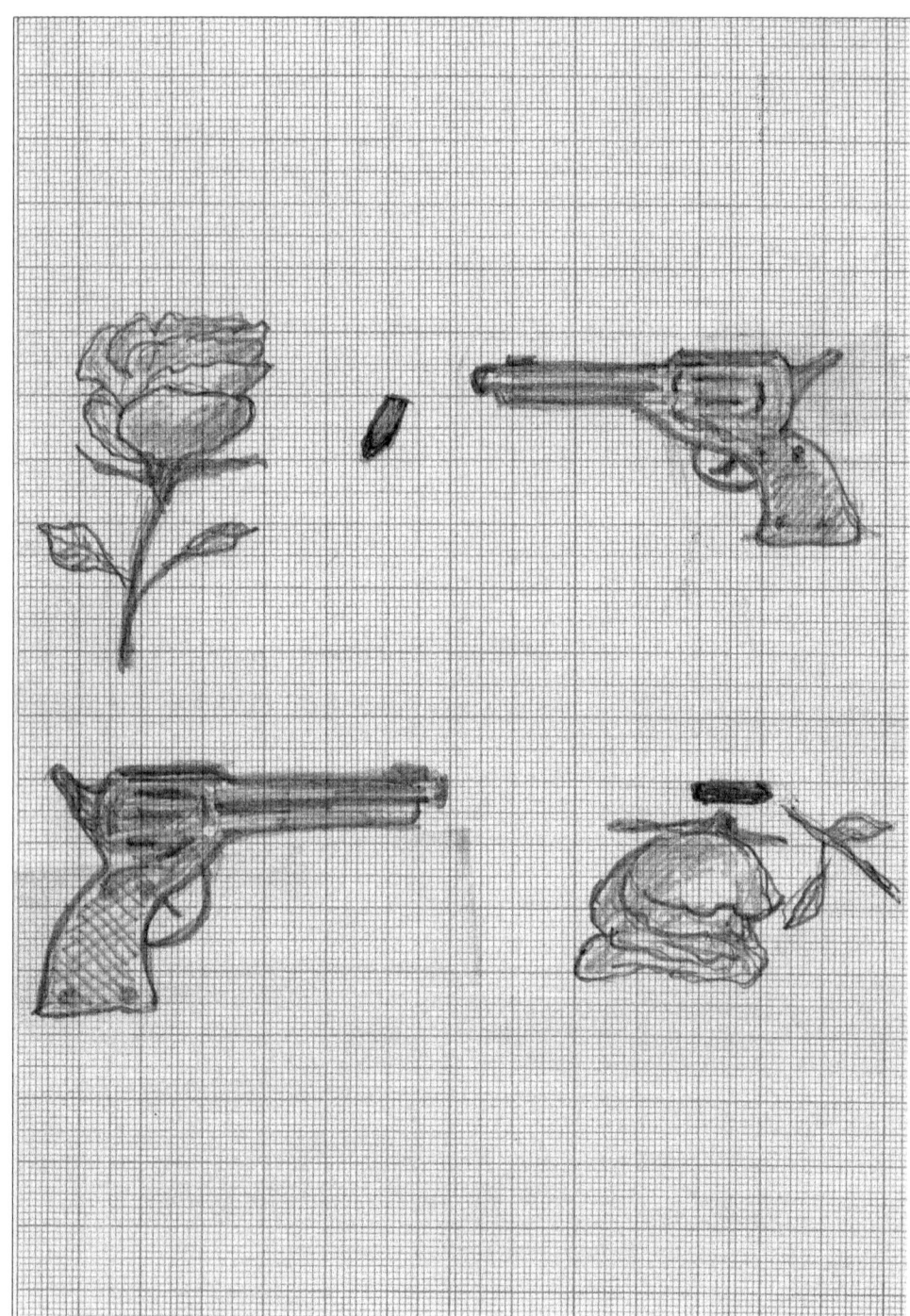

26

Ella tiene flores y balas

por igual

Solo tienes que acertar

con la sonrisa

27

Él sabía que no tenía ninguna posibilidad con ella. Todo estaba en su contra.

Todo menos el destino.

28

Hay espejos que guardan miradas... perfumes

29

En su primer beso se cruzó un gato negro. Así fue como decidieron quedarse en la certeza del *nosotros*: espacio ajeno a las supersticiones.

30

Vendió su alma al diablo a cambio del amor de su vida. Su mordisco, en la primera noche, resultó ser el antídoto perfecto contra el Averno.

31

HAIKU

No hay camino

que me aleje o separe

de mi/tu corazón

32

Baila solo, noche tras noche. Y nadie en el universo lo sabe

Al menos eso es lo que él piensa.

33

Apagaron todas las luces...

Decidieron escuchar las estrellas

Mirarse en la mirada del otro

34

BUEN COMIENZO

Ahora me dices que no,

que la última noche que pasamos juntos

no estabas conmigo,

que no eras tú,

que te confundo con otra

(el alcohol),

o que torpemente te invento

(otra vez el alcohol).

¡Y qué hago yo ahora con este libro de poemas!

35

PREGUNTA

¿Envejecerán las fauces de mi destino?

36

Mueren poco a poco

los símbolos

Ayer, el cálido no-espacio de tus besos

Hoy me ha sorprendido, en una calle cualquiera,

la lluvia sin ti

37

Alejada la paz del principio, empezaron a vivir ya con la guerra del final.

38

TODOS nuestros reproches sobre la mesa

incluso algún naipe marcado...

pero ningún as de corazones

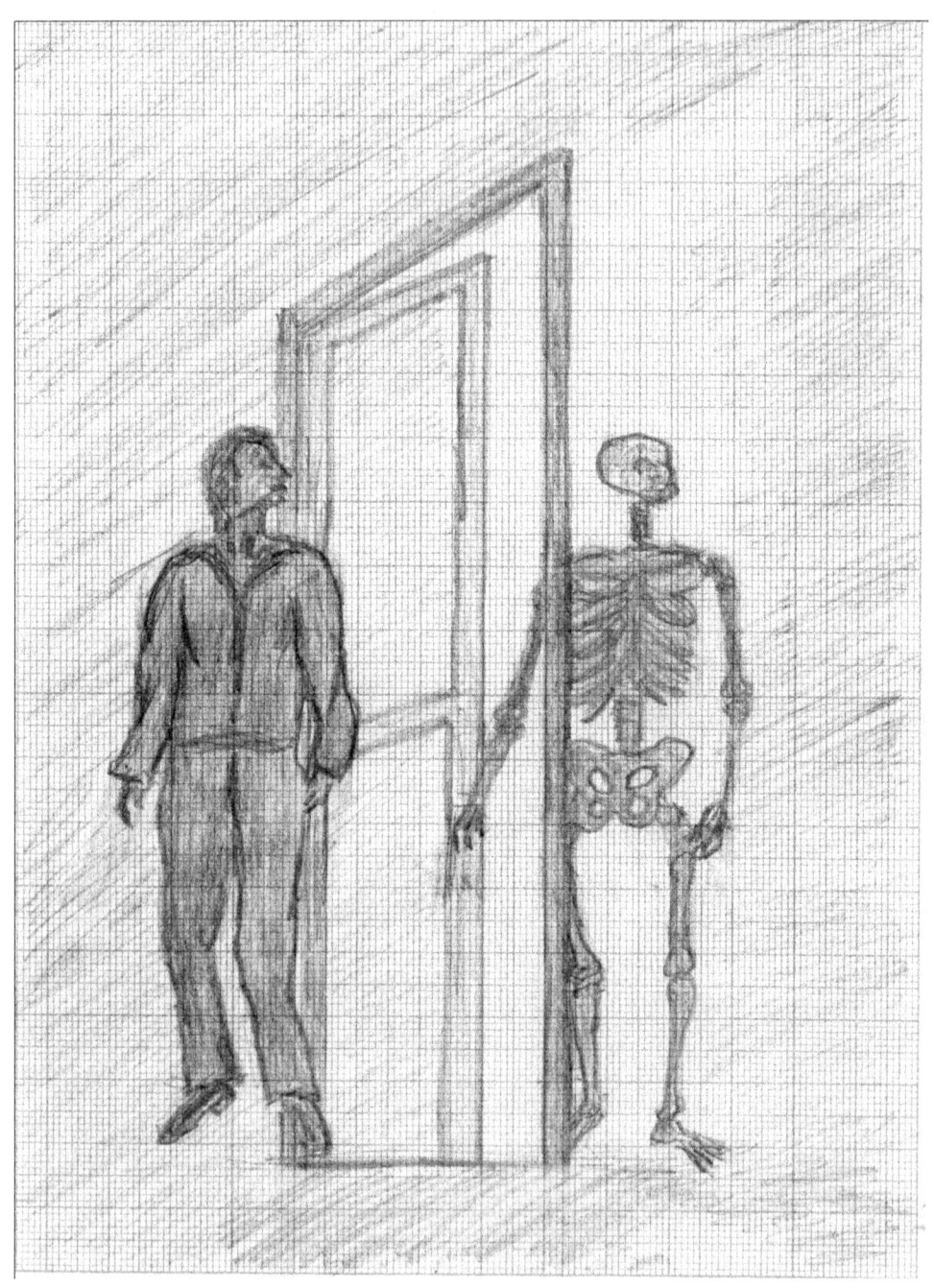

39

DUDA RAZONABLE

Un ojo mira a otro ojo:

¿Principio de amor o estrabismo?

40

LOS 12 TRABAJOS DE HÉRCULES...

Después de haber estado matando fantasmas durante toda la noche

todavía encuentro tu sonrisa en los rincones más insospechados

41

Con el bisturí más preciso me enseñaron todo sobre todos.
Pero nada aprendí acerca de mí mismo.

42

Se vende ático de lujo con vistas al Paraíso.

43

No te he perdido... Es el camino el que se ha tornado invisible.

44

Levantarse con una resaca impresionante por no haber salido anoche...

45

Pidió perdón por sus sueños... Y eso le costó despertarse

46

De nada me sirvió sonreírte mientras la flecha se iba aproximando

47

Cuando el amor se fue, allí quedaron las manos, los dedos, las miradas, los labios... y una montaña de hielo infranqueable.

Ya en la época del deshielo, el olor a cuerpos sin vida se fue haciendo insoportable.

48

Twitter gastó todas las combinaciones posibles de 140 caracteres, en todas las lenguas. Se hizo el silencio. Solo quedó el eco de TU voz en mi memoria.

49

Cuando despertó, dijo: "Otra eternidad sin ti".

50

Otra noche que está a punto de sobrevolarnos.

Contigo, lejana, en otro atardecer.

51

EXAMEN SORPRESA

No entendí las preguntas

No entendiste las respuestas

Suspendimos

52

CEGUERA

Lloró y lloró su ausencia. Fueron tantas las lágrimas que sus pupilas saladas comenzaron a vagar por la tierra.

53

Sabía decir "te quiero" en 196 lenguas. Ganó el concurso, el premio. Pero no tenía a nadie con quien compartirlo.

54

Descuida este invierno

La letra

Pero no la música:

Matemáticamente triste

55

Y en el próximo verano

que ya nunca llegará

el sol sigue rodando por los tejados y cae sobre nosotros

56

CERTEZA

Hay una ciudad en otro universo

en donde Tú

todavía me sigues sonriendo

57

Imprimía todos sus *emails*. En trocitos diminutos los engullía. Sin sal. Se sentía culpable por haberlo abandonado en primavera.

58

Ella me sueña noche tras noche

Pero siempre es otro quien la despierta

59

EL PASO DEL TIEMPO

Los que apostaron por mí,

    perdieron.

Aquellos que no lo hicieron,

    hoy se lamentan.

60

El puto ordenador hoy me funciona como mi vida:
dos pasos adelante, tres atrás... Y sigue sonando
Iván Ferreiro entre odas púrpuras.

61

Cuando me vuelva a levantar -que lo haré- me sentiré tan hercúleo que tendrán que resucitar a Homero para que reescriba la Odisea y la Ilíada.

62

Noticias de ti... sin ser Tú quien antes eras

63

¿Qué hubiera sucedido si Tetis, madre de Aquiles, amada por el todopoderoso Zeus y bella entre todas las nereidas, hubiera tenido la facultad de sostener a su hijo sin necesidad de posar sus dedos sobre este?

64

ELISA nació hermosa y creció lasciva. Pura e impura, cada paso acompasado, cada movimiento de sus curvas o cada suerte de su mirada, hacía caer de bruces a cualquier hombre que cerca anduviera. Su madre, sabedora de la concupiscencia de su hija, llenaba sus noches con té amargo y lágrimas de desesperanza, pues ella, tan diferente en todo a su niña, jamás sabría cómo educarla para los hombres.

Acaso esas humeantes lágrimas sirvieron para algo: Elisa amó y vivió feliz e independiente durante todo el tiempo que le duró la belleza; que no fue sino hasta el mismo día de su muerte.

65

BODA

Fue una ceremonia íntima, muy íntima. Solo el novio y el padrino.

66

Seamos sinceros:

¿Quién de nosotros no sería un verdadero hijo de puta en el Paraíso?

67

Cansado de ninfas sin corazón

Abandono este poema

¡Y me voy de botellón!

68

En su huerto los perales daban manzanas y los manzanos, peras. El caos era tal que los trabajadores, en vez de salario, demandaban sonrisas y abrazos.

69

Impartía sus clases siempre en verso

Suspendía siempre en prosa...

70

Tu presencia sigue siendo prodigiosa en el universo.

Desde que ya no me preguntas cómo estoy,

realmente

      YO   YA   NO   ESTOY

71

Volé...

... pero no conseguí alcanzar tu vuelo

72

AHORA...

Ahora que todo es igual

comprendo que antes todo era diferente

73

Es invierno y el frio se atrinchera en nuestros rostros

Caminamos

Sobre nuestros guantes se entrelazan, en un instante,

nuestras vidas

74
A T., correctora de sonrisas

Salvar al mundo de todos los malvados día tras día
Luchar por un salario justo para mariposas y cuidadores de libélulas
Transportar toneladas de manteles a planetas desconocidos para desayunos de cuerpos que se atraen sin gravedad
Ser el azote y la fuerza que combate a rufianes y malversadores de sueños para melancólicos
Hacer sonreír a un niño sin dientes por no haber comido hoy caramelos de colores
Ser el protagonista de un cómic para volcanes y el personaje más buscado en Google
Salir en las noticias, en los libros de texto y en los paquetes de galletas para perros

Todo eso sin esfuerzo realizo cotidianamente por el bien de la humanidad
Mas quizá no exista la filantropía y yo me engañe con los ríos de tinta que se escriben sobre mis hazañas en los diarios de todo el mundo

Entonces pienso que toda esa lírica y empresa
Que todo lo que hago para proteger al mundo, mi nuevo oficio,
Es una excusa zafia para poder mantener mi mente apartada de tus pasos que se alejan sin cesar a cada instante

Para sentirme enemigo del movimiento de tu mano sobre tu codo y este sobre tu hombro
alzando no sé qué gesto para musitar "adiós" entre flores heridas que no ríen y que ya no quieren existir

Y tu cabeza inmóvil, forastera, esperando la música del final de la peli
Para marcharte definitivamente para siempre
Ajena al dolor de tenedores y cuchillos sobre la mesa
Sin desearme nada malo,
Sin aconsejarme nada para mi anónimo y aterrador futuro sin un pulmón sin un riñón...sin lo necesario

Y a pesar de todo cuanto se sigue escribiendo y escribiendo sobre mí en los periódicos
Y de mi fama mundial y del cariño que me tiene la gente que ayudo continuamente
TODAVÍA NO SÉ PARA QUÉ ESTE DOLOR DE CABEZA DE HABERME HECHO SUPERHÉROE

Quizá para despedazar el asfalto y el sudor de mis músculos en días de religión y ausencias
Y conseguir el odio más cruento de todos los que antes me habían venerado

Que al final eso es lo que terminan haciendo los superhéroes que no soportan su imagen en los espejos de los rascacielos

75

A veces

tienes que perderte mil veces

para encontrarte una vez

76

DESOBEDIENCIA...

Prueba. Abre un libro de poemas por una página cualquiera; escoge un verso al azar. Qué pasa.

77

-Profesor... ¿De qué?

-Ni'dea. Yo hablo y hablo y comienzo a ver como los alumn@s de la primera fila empiezan a dar cabezazos contra sus pupitres.

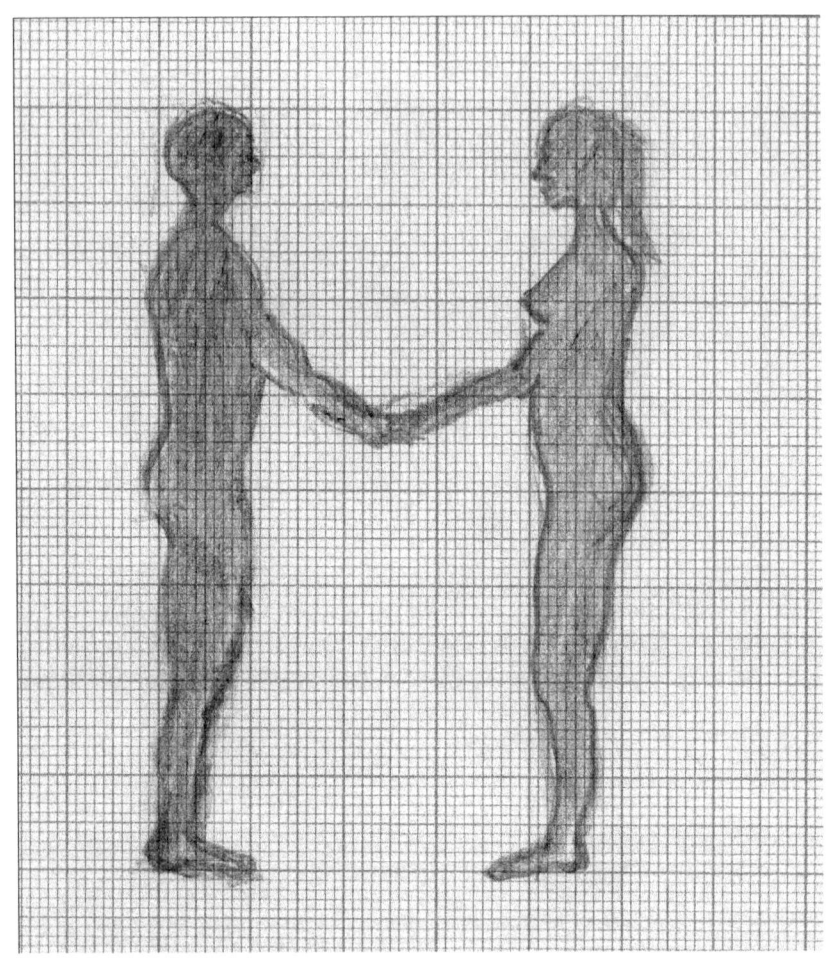

78

Mi vida no se termina en esta vida

Como nuestro amor no se acaba en este amor

79

En toda la casa camas elásticas en vez de suelo

Para cuando caiga ponerme en pie

Y alzar el vuelo

80

... El pasado es un dios venido a menos...

81

Ella hacía autoestop en el desierto. Él buscaba señales sin caminos. El resto, como imagináis, es una historia que se continúa en Las mil y una noches.

82

Te recuerdo llegando una y otra vez

con tu primera sonrisa

y ahora ya no puedes irte para siempre

83

Éramos todo

dentro de la nada

84

El domador de tigresas siempre se llevaba el trabajo a casa.
Así lo atestiguaban las cicatrices por todo su cuerpo.

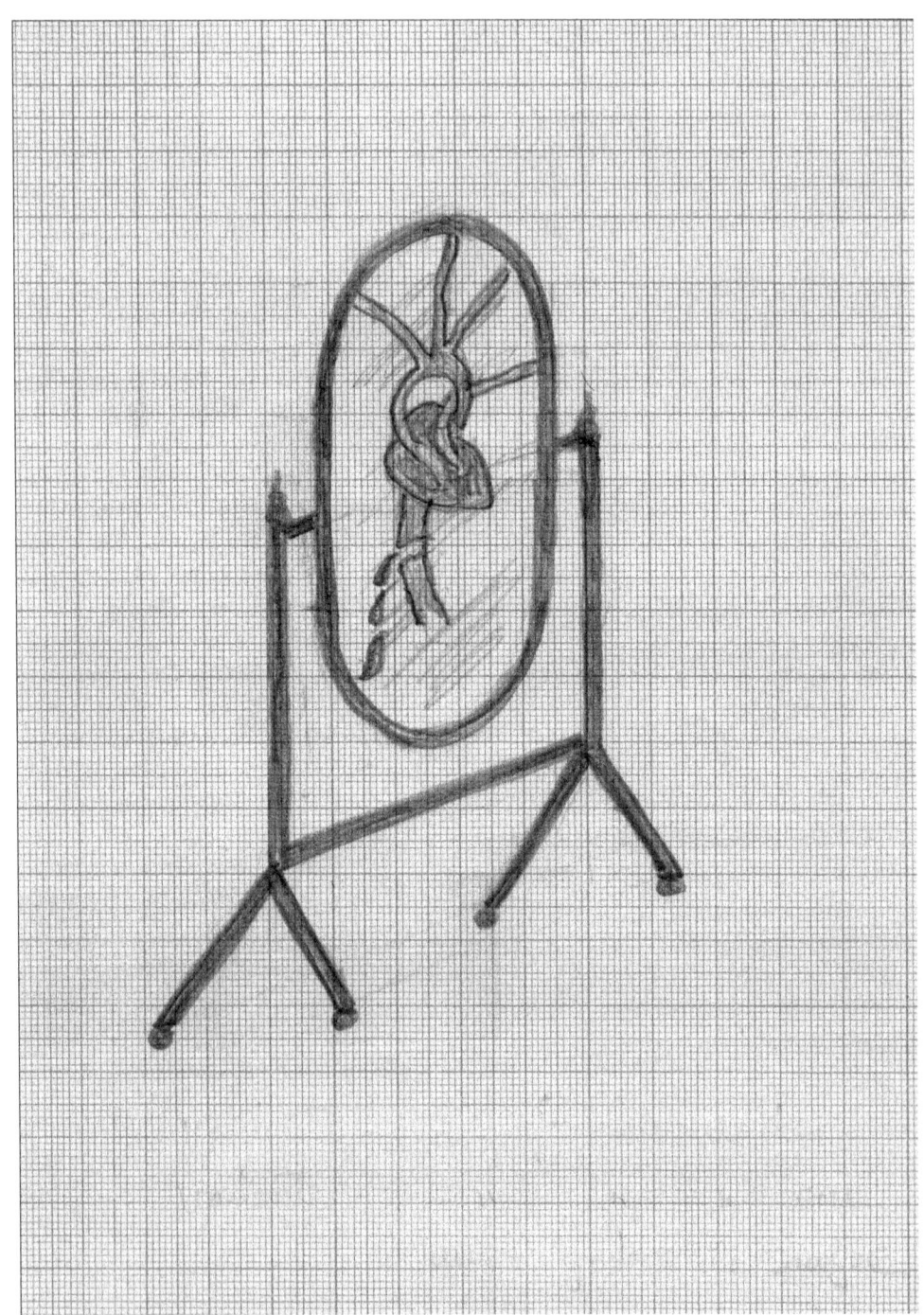

85

A Is., guardiana de mis versos

Quién soy ante el espejo

Blancanieves ha muerto

Alguien se desangra cada vez que te piensa

86

ENVÍO URGENTE

Espero recibir tus lágrimas por correo

electrónico.

Ya te llegarán las mias.

87

En mi otro yo

Tú nunca me olvidas

88

EL ABRAZO

De repente me sentí extraño entre los brazos de siempre. Había olvidado situar, como era mi costumbre, el espejo frente a mí.

89

Un segundo

        sin ti

Equivale

        a la nada

90

A pesar de sus bellos ojos de gata, la naturaleza no le permitió tener siete vidas.

Sin embargo, ella conseguía darle siete noches a cada uno de sus días.

91

"No quiero que seas la mujer de mi vida

Quiero que seas la mujer de tu vida"

        ... pero conmigo

92

HAIKU

Todavía aire

Mirando en calma el mar

Viviendo en ti

93

La última entrega, el último fascículo... Sin labios, tu beso

94

VENENO

El antídoto es saber que no existe antídoto

95

Apago el ordenador

la luz

cierro los ojos

duermo

pero no consigo el silencio...

Ya no me nombras con tus palabras

96

Esa extraña y embriagadora diferencia

entre el resto de la música del universo

y la banda sonora que se escuchaba

el día que nos conocimos

97

Ella no olvidó su última mirada. Porque una despedida
es siempre una ciencia exacta. Se sabe cuando
comienza, pero nunca cuando termina.

98

DESENCANTO

Escribo todo lo que puedo

Pero no puedo todo lo que escribo

99

Tengo 46 años

Ya no pido que la vida sea justa

Tampoco espero
como era mi sueño
envejecer de golpe a los 80

Solo pido un poco de belleza

100

JAZZ

Soy más fan de mí mismo

desde que decidí olvidarte

Porque a veces la LluviaSinTi

también tiene olor a hierbabuena

101

INSCRIPCIÓN
"Ser xoven non é un delito"

Post scriptum...

Ser eternamente joven tampoco

102

(CONTIGO)

No busco cosas imposibles

Busco cosas imposibles para los demás

103

MUCHAS VIDAS...

Grabaron sus voces para reconocerse por si se encontraban en otras vidas.

104

Era la forma como tú decías

las palabras

Alfabetos que no hallo

en otros labios

... Buenos días

105

Sigo dejando mi rastro sobre la arena

para que me sigas

o para que te alejes

　… Buenas noches

106

¿LE DEBERÉ PASTA?

Sacarle una sonrisa al espejo cuando te mira con esa cara de pocos amigos.

107

CINE NEGRO

Era un tipo de los de antes; gabardina sin lluvia. Te pegaba tres tiros y te decía: "Hoy me has pillado en un buen día".

108

THE LAST LETTER

Tú eras el mundo.

Ahora

    el mundo es el mundo

y Google está aquí

para hablar sobre nosotros.

109

A veces sucede

estás sentado con una mujer
por ejemplo en un restaurante
y de pronto un tipo que parece un dandi
irrumpe en el local se acerca a tu mesa
y os invita *amablemente* a dejarles el sitio

como en las películas de gánster
pero sin créditos ni banda sonora

110

No me preguntes cómo estoy.

Pregúntame cómo voy a estar.

111

Ahora sé por qué te amé en otro tiempo

Tus manos escribían palabras para la soledad de mi carne

Y todo con el sigilo del que camina sereno

112

Y yo a lo mío:

Un día siendo David... otro Goliat

113

Cierro mi piel con los ojos de nuestro último deseo

Fragmentos de los espejos en donde nos reflejábamos

Cuando éramos Un Templo Habitado

114

BANDA SONORA

Guardo nueve palabras en un tesoro

Hablan de nuestra primera mirada.

115

Tengo la impresión de que te perdí y encontré millones de veces en otras vidas

Y el tiempo de perdernos se acaba

La cuenta atrás

Tus besos

Tú

116

Olvidame de golpe
como boca insaciable
depredadora

No me olvides
poco a poco
arañando
    mi recuerdo
        cada noche

117

Se miraron sin mirarse

Se despidieron sin despedirse

Antes se habian besado sin besarse

118

DESCALZO...

Me sobran 123 caracteres

-y un puñado de sonrisas-

para decirte:

    ¡Ya no me das nada!

119

Se devoran entre ellos

cual caníbales

mis sueños

Echan de menos

tu desorden

120

Sin autopistas ni aeropuertos.
Sin *tickets* de ida y vuelta.
Sin pronombres.

Estoy vacío.
Y la mano va al brazo
                - y esta al pecho-
sin arterias ni edificaciones.

Eso lo saben las cucarachas que transitan por el interior de mi cuerpo.
A sus anchas.

121

Mi sitio en los prostíbulos de carretera.

Y sin embargo aquí, sin saber muy bien en dónde estoy.

122

"Por favor, quédate conmigo o vete para siempre".

Pero no accedió a sus súplicas...

123

POR ÚLTIMA VEZ...

Romper tu voluntad

Hacer que te olvides del mundo

de los otros

Solo entregada a mí

a mi deseo

Solo nosotros

Solos tú y yo en el universo

124

Descubrió que era adicto al perfume de su piel, al pulso cálido de sus vísceras, a la textura de su aliento. Su médico, especialista en el alma, le recomendó hacerse vegano con urgencia.

125

DESPEDIDA

Mírame.

Soy el espacio infinito que ya no volverás a transitar.

La distancia.

126

ESCENA

Sobre las copas vacías

El vino roto de nuestro amor

Después el tiempo se detuvo

La nada

En cada uno de nuestros besos

127

Salgo a la calle. Camino.
Bullicio. Multitudes.
Calles peatonales.
Ríos de voces.
Versos en los escaparates.

Me despido del silencio,
pero no me alejo de tu ausencia.

128

HAY UN HOMBRE QUE TIENE UN SUEÑO...

Tiene mi nombre, mis apellidos

mira con mis ojos

parte el pan con mis propias manos

pero no soy yo mismo

129

La banda sonora agoniza
Los títulos de crédito
Se ilumina la sala
Dos personas se levantan
Se separan para siempre

130

Aprendo de las ciencias de la Amnesia y de la Anestesia

Ahora empiezo con la Alquimia

Toda sabiduría es poca para olvidarte

131

QUIZÁ SEA para recordarme que estoy vivo

O PARA ilusamente olvidarlo

(Nota para no iniciados:
Este poema desarrolla
el eterno tema
del alcohol en mi gaznate)

132

Iba yo pensando en mis cosas

cuando descubrí

que mis cosas

no iban pensando en mí

133

AQUÍ abandono...

con mis pies descalzos

Que sigan mis zapatos

buscándote

134

El sueño aquel de ser junto a ti

Bucanero

Astronauta

Saltimbanqui

Alquimista...

Qué lejano queda todo

135

Cómo ser yo

habiendo dejado tú

de ser TÚ

136

YO EN EL UNIVERSO

Permitidme que me ponga de puntillas

que mire aquí y allá

que sonría

que aplauda

permitidme que cante y baile

y que me desnude

137

RESURRECCIÓN

Esta mañana, al levantarme, encontré a un hombre nuevo en el espejo.

138

FIN...

de 140 noches escribiendo sombras
fin de tus 140 sabores
fin de tus 140 labios
fin de tus 140 cuerpos

Fin de tus 140 sonrisas

139

AEROPUERTOS

Allá donde voy

no me dejaron facturar tu recuerdo

ni siquiera como equipaje de mano

Adiós / adiós / adiós

140

Lo mataron tres veces en la misma película. Sin embargo, ni el guionista ni el director pudieron evitar que finalmente se fugara con la protagonista.

$$(h \times b)^2$$

por

H

o

por

B

(o × "b" y × "h")

Siempre encuentro una razón
una consonante
para volverte a recordar

A veces
un abecedario completo
Infalible

Pero el círculo se cierra
Indefectiblemente

Como este EPÍLOGO tardío
Sin puntos suspensivos...

Que todo
lo acaba.

Este libro se terminó de editar

el 15 de Abril de 2014

al cuidado de Alacena Roja

en Ceutí

www.ingramcontent.com/pod-product-compliance
Lightning Source LLC
Chambersburg PA
CBHW020945090426
42736CB00010B/1280